La Guerra Espiritual

Dr. Joffre P. Vivoni

Foundations Publishing
2009

LA GUERRA ESPIRITUAL © 2006 por **Dr. Joffre P. Vivoni**
Segunda Edición 2009

Todos los derechos reservados incluyendo la reproducción, fotocopia o traducción de este libro o cualquier parte de él

ISBN 978-09796940-7-3

Las citas bíblicas con la excepción de las mencionadas fueron tomadas de la **Reina Valera 1960 (versión por ACE ministries)** y la versión **Biblia en Lenguage Sencillo.**

**Foundations Publishing
P.O. Box 8068
Jacksonville, FL 32239-8068
904-221-7606
www.biblefoundations.net**

Dedicatoria

Quiero dedicarle este libro a mi esposa Elia y a mis hijos Jann, Eliane y Laurita, quienes me animaron a escribirlo, y más que nada, al Señor Jesucristo por su inspiración.

Quiero además agradecerle a mi esposa, la Dra. Elia E. Vivoni, su ayuda al editar el libro y a mi hijo Jann Pascal Vivoni por tan bonito diseño de la portada.

Espero que este libro sea de bendición para usted y un instrumento útil en la preparación para la vida cristíana en abundancia. Hay tantas luchas en nuestro diario vivir que es necesario aprender como defenderse en estos días difíciles en los que estamos viviendo. Es muy fácil descuidarse y pelear en la carne lo que sólo podemos ganar en el espíritu.

Contenido

Introducción

Capítulo Uno-
Guerra Espiritual.. 1

Capítulo Dos-
La Naturaleza de Satanás................................... 5

Capítulo Tres-
El Centro de Operacion de Satanás................. 13

Capítulo Cuatro-
El Campo de Batalla de Satanás....................... 17

Capítulo Cinco-
Nuestra Protección... 21

Capítulo Seis-
Preparativos para la Batalla................................. 29

Capítulo Siete-
Entrenando para la Batalla................................. 35

Capítulo Ocho-
La Ofensiva 41

Capítulo Nueve-
Las Armas de la Ofensiva....................................45

Introducción

Esta obra facilita y pretende dar fundamento bíblico y explicación práctica de lo que es la lucha del genuino creyente en Jesús.

Observar este tema protegerá a muchos que aman su relación con Dios pero que a veces se les olvida en que se apoyan para creer en cada paso necesario para prevalecer ante la oposición del mundo espiritual enemigo. Ignorar que existe esa oposición no hace que se desvanezca. Por este motivo, el Dr. Joffre P. Vivoni asume una posición directa y personal ante ese enemigo ilusivo. Lo define, lo expone, lo confronta y lo vence. Y lo hace con una simpleza que creo ser esencial para todo creyente no importando su conocimiento o falta de él, sólo basta ser un genuino cristiano para entender esta necesidad urgente.

En esta obra se contempla a nuestro Señor Jesús dentro de ese mismo escenario al igual que otros personajes que están de nuestro bando. Unos de carácter angelical como otros de carácter humano. Esta aplicación nos permite ver el escenario desde el cielo y también desde la tierra. Permitiendo unir así ambos ángulos de visión para hacer más realístico el dilema que enfrenta el creyente.

Hacerle juicio a esta batalla nos obliga a pensar. El pensamiento de guerrero se debe definir si es que vamos a prevalecer. Confío que este libro logrará para Uds. este objetivo. El autor sabe y usa con destreza la analogía bíblica de guerra. Siempre desglozando los versos de la Escritura que ayudan a ver los aspectos pertinentes de la confrontación. Puntualiza la sinceridad con que se debe pelear esta guerra invisible. Su proceso los ayudará a practicar la lucha. No permite este formato ser pasivo, mas bien le introduce dentro de la batalla. Sincerarse con Dios es vital; pretenda que en todo paso que Ud. da, cuenta con el respaldo divino del Espíritu Santo, la Palabra Eterna y el Padre Protector.

Apodérese de tan vital guianza que le proporciona este libro.

Dr. L.A. Rossique

CAPITULO 1
LA GUERRA ESPIRITUAL

"Y temerán desde el occidente el nombre de Jehová y desde el nacimiento del Sol su gloria, porque vendrá el enemigo como río, mas el Espíritu de Jehová levantará bandera contra él." Isaías 59:19

El propósito de este libro es hacer conciencia de que en estos días finales se está peleando la guerra más difícil y fuerte que el pueblo de Dios jamás haya enfrentado. Esta guerra no es una física o entre naciones y pueblos, sino una guerra espiritual entre dos reinos, el reino de Satanás y el reino de Dios. Si no nos preparamos y peleamos la batalla efectivamente podemos muy fácilmente caer en la trampa del diablo y ser derrotados perdiendo muchas de las bendiciones que Dios tiene para con nosotros. La Biblia en todas sus versiones nos habla sobre esta guerra, especialmente en Efesios 6:10-12, donde nos dice lo siguiente:

Reina Valera- *Por lo demás hermanos míos, fortaleceos en el Señor y en el poder de su fuerza. Vestíos de toda la armadura de Dios, para que podáis estar firmes contra las asechanzas del diablo. Porque no tenemos lucha contra sangre y carne, sino contra principados, contra potestades, contra los gobernantes de las tinieblas de este siglo, contra huestes espirituales de maldad en las regiones celestes.*

Dios habla hoy- *Porque no estamos luchando contra gente de carne y hueso sino contra fuerzas malignas espirituales del cielo, las cuales tienen mando, y autoridad y dominio sobre este mundo oscuro.*

Versión ampliada- *Porque no participamos en un combate de lucha libre contra personas de carne y hueso, sino contra principados con diferentes áreas de dominio y una jerarquía de autoridad; contra las potestades que dominan las tinieblas de este siglo, contra huestes de maldad en las regiones celestes.*

Quizás usted no piense que Satanás pueda tener un reino, pero si la Biblia lo enseña, tenemos que creerlo. En Mateo 12: 22-28 el mismo Señor Jesucristo nos habla de este reino, especialmente en los versos 23-25, donde dice lo siguiente: *"Y todas las gentes estaban atónitas, y decían: ¿Será éste aquel Hijo de David? Mas los fariseos, oyéndolo, decían: Este no echa fuera los demonios, sino por Beelzebub, príncipe de los demonios. Y Jesús, como sabía los pensamientos de ellos, les dijo: Todo reino dividido contra sí mismo, es desolado; y toda ciudad o casa dividida contra sí misma, no permanecerá."*

Si leemos cuidadosamente, vemos lo siguiente:

    1. A Satanás se le llama Belzebú o señor de las moscas.

    2. Satanás tiene un reino, y este reino no está dividido, está organizado.

    3. Su reino permanece y todavía Satanás no ha sido derrocado.

Ahora, él no es el único que tiene reino. Existe otro reino, el Reino de Dios, y cada uno de nosotros que le servimos a Dios somos soldados de ese reino, como dice Colosenses 1:12-14: *"... con gozo dando gracias al Padre que nos hizo aptos para participar de la herencia de los santos en luz; el cual nos ha librado de la potestad de las tinieblas, y trasladado al reino de su amado Hijo, en quien tenemos redención por su sangre, el perdón de pecados."*

Como estamos en los últimos tiempos la guerra entre estos dos reinos ha aumentado ya que Satanás sabe que le está llegando su tiempo. Lo bueno de todo es que nosotros también sabemos quién ganó esta batalla, nuestro Comandante en Jefe, Jesucristo. Nosotros, para obtener esa victoria tenemos que hacer lo que dice la Escritura en Santiago 4:7: *"Someteos pues a Dios, resistid al diablo y de vosotros huirá."*

CAPITULO 2
LA NATURALEZA DE SATANAS
¿QUIEN ES SATANAS?
¿QUIENES ESTAN EN SU REINO?

"¡Como caíste del cielo, o Lucero, hijo de la mañana! Cortado fuiste por la tierra, tú que debilitabas a las naciones. Tú que decías en el corazón: subiré al cielo; en lo alto junto a las estrellas de Dios, levantaré mi trono, y en el monte del testimonio me sentaré, a los lados del norte; sobre las alturas de las nubes me subiré y seré semejante al Altísimo."
Isaías 14:12-14

Hemos establecido por la Palabra que existen dos reinos, el reino de Dios y el reino de Satanás. Hasta hace varios años la gente se reía cuando se mencionaba a Satanás. No le daban casi importancia y se pensaba que era o un producto de la imaginación de algunos fanáticos religiosos, o un ser que no tenía influencia sobre nadie en la tierra. Hoy día, aún con tanto crimen relacionado con los cultos satánicos, todavía la gente no quiere creer que Satanás es real y que está trabajando con muy poca resistencia de parte de los creyentes. El está influyendo grandemente en el comportamiento de las personas.

¿Quién entonces es Satanás? ¿Quiénes son los demonios? Hay varias teorias de gente muy conocida en el ámbito cristiano que tratan de contestar estas preguntas. Desgraciadamente muchas de estas teorías están basadas en conjeturas a las cuales las personas han llegado en base a juegos de palabras y una imaginación grande. Por ejemplo, hay una teoría que dice que los demonios no son otra cosa que reencarnaciones de seres pre-adámicos. Los que creen en esa teoría afirman que entre Génesis 1:1 y Génesis 1:2 pasaron millones de años, que durante ese tiempo hubo una gran batalla espiritual y por eso la tierra estaba desordenada y vacía. Ellos afiman que estos seres que habitaban la tierra antes y durante esa batalla se convirtieron en los demonios que existen hoy día. De acuerdo a estas personas, por eso Dios, refiriéndose al hombre y a la mujer, en Génesis 1:28, les dice: "...*Fructificad y multiplicad, y henchid {"male" (mawlay)} la tierra, y sojuzgadla, y señoread en los peces de la mar, y en las aves de los cielos, y en todas las bestias que se mueven sobre la tierra.* La palabra "henchid" {"male" ("mawlay")} se puede traducir de por lo menos dos maneras: una es "llenar" y la otra "volverla a llenar". Estas personas prefieren interpretar la Palabra como si dijera "volverla a llenar". Por lo tanto, si se está volviendo a llenar, entonces, a su entender, había una raza pre-adámica que la había llenado anteriormente. Yo prefiero limitarme a lo que dice la Biblia, no a conjeturas. De esa forma puedo tener la seguridad de que lo que estoy diciendo es real y no un producto de mi imaginación.

Es importante también saber que Satanás no es un producto de la imaginación de nadie. El no es una idea, no es una influencia. Satanás es un ser real. No es un ser humano, es un ser espiritual. La Biblia nos habla de sus nombres y títulos en Apocalipsis 20:2, *"Y prendió al dragón, aquella serpiente antigua, que es el diablo y Satanás…"* En Isaías 14:12-15, la Biblia nos habla de sus atributos y acciones: *"!Cómo caíste del cielo, oh Lucero, hijo de la mañana! Cortado fuiste por* tierra, tú que debilitabas a las naciones. Tú que decías en tu corazón: Subiré al cielo; en lo alto, junto a las estrellas de Dios, levantaré mi trono, y en el monte del testimonio me sentaré, a los lados del norte; sobre las alturas de las nubes subiré, y seré semejante al Altísimo. Mas tú derribado eres hasta el Seol, a los lados del abismo." Por eso es que Jesús lo trató como un individuo y lo combatió como tal. Inclusive lean Mateo 4:1-11, donde nos habla de la tentación de Jesús y dice así: "Entonces Jesús fué llevado del Espíritu al desierto, para ser tentado del diablo. 2 Y habiendo ayunado cuarenta días y cuarenta noches, después tuvo hambre. 3 Y llegándose á él el tentador, dijo: Si eres Hijo de Dios, di que estas piedras se hagan pan. 4 Mas él respondiendo, dijo: Escrito está: No sólo con el pan vivirá el hombre, mas con toda palabra que sale de la boca de Dios. 5 Entonces el diablo le pasa a la santa ciudad, y le pone sobre las almenas del templo, 6 y le dice: Si eres Hijo de Dios, échate abajo; que escrito está: A sus ángeles mandará por ti, Y te alzarán en las manos, Para que nunca tropieces con tu pie en piedra. 7 Jesús le dijo: Escrito está además: No tentarás al Señor tu Dios. 8 Otra vez le pasa el diablo a un monte muy alto, y le muestra todos los reinos del mundo, y su gloria, 9 y dícele: Todo esto te daré, si postrado me adorares. 10 Entonces Jesús le dice: Vete, Satanás, que escrito está: Al Señor tu Dios adorarás y a él sólo servirás. 11 El diablo entonces le dejó: y he aquí los ángeles llegaron y le servían." Efesios 6:10 nos dice: "Por lo demás, hermanos míos, confortaos en el Señor, y en la potencia de su fortaleza. 11 Vestíos de toda la armadura de Dios, para que podáis estar firmes contra las asechanzas del diablo. 12 Porque no tenemos lucha contra sangre y carne; sino contra principados, contra potestades, contra señores *del mundo, gobernadores de estas tinieblas, contra malicias espirituales en los aires. 13 Por tanto, tomad toda la armadura de Dios, para que podáis resistir en el día malo, y estar firmes, habiendo acabado todo. 14 Estad pues firmes, ceñidos vuestros lomos de verdad, y vestidos de la cota de justicia. 15 Y calzados los pies con el apresto del evangelio de paz; 16 Sobre todo, tomando el escudo de la fe, con que podáis apagar todos los dardos de fuego del maligno. 17 Y tomad el yelmo de salud, y la espada del Espíritu; que es la palabra de Dios; 18 Orando en todo tiempo con toda deprecación y súplica en el Espíritu, y velando en ello con toda instancia y suplicación por todos los santos."* Como dije anteriormente, tenemos un enemigo real, un individuo que quiere destruírnos y en contra de quién tenemos que combatir. Este enemigo es Satanás.

¿De dónde proviene Satanás? La Biblia nos dice que Dios lo creó. Ahora, Dios no lo creó como es actualmente. En Ezequiel 28:12-19 se nos dice que Dios creó a Satanás bien hermoso. Leamos como lo describe la Biblia: *"Hijo del hombre, levanta endechas sobre el rey de Tiro, y dile: Así ha dicho el Señor Jehová: Tú echas el sello a la proporción, lleno de sabiduría, y acabado de hermosura. 13 En Edén, en el huerto de Dios estuviste: toda piedra preciosa fué tu vestidura; el sardio, topacio, diamante, crisólito, ónice, y berilo, el zafiro, carbunclo, y esmeralda, y oro, los primores de tus tamboriles y pífanos estuvieron apercibidos para ti en el día de tu creación. 14 Tú, querubín grande, cubridor: y yo te puse; en el santo monte de Dios estuviste; en medio de piedras de fuego has andado. 15 Perfecto eras en todos tus caminos desde el día que fuiste creado, hasta que se halló en ti* maldad. *16 A causa de la multitud de tu contratación fuiste lleno de iniquidad, y pecaste: por lo que yo te eché del monte de Dios, y te arrojé de entre las piedras del fuego, oh querubín cubridor. 17 Enaltecióse tu corazón a causa de tu hermosura, corrompiste tu sabiduría a causa de tu resplandor: yo te arrojaré por tierra; delante de los reyes te pondré para que miren en ti. 18 Con la multitud de tus maldades, y con la iniquidad de tu contratación ensuciaste tu santuario: yo pues saqué fuego de en medio de ti, el cual te consumió, y púsete en ceniza sobre la tierra a los ojos de todos los que te miran. 19 Todos los que te conocieron de entre los pueblos, se maravillarán sobre ti: en espanto serás, y para siempre dejarás de ser.”* Vemos que el verso 12 lo describe de la siguiente manera: él *"era el sello de la perfección, lleno de sabiduria, y acabado en hermosura."* Tenía un rango muy alto en el reino de Dios como lo implican sus vestiduras en el verso 13 y tenía que ver con la adoración en el cielo como habla en ese mismo verso. Era amado por Dios, *"era un querubin grande y protector,* verso *14; perfecto en todos los caminos,* verso *15, "hasta que se encontró en el maldad."* El pecado de Satanás fué que debido a su hermosura se enalteció y quiso ser igual a Dios (verso 17). El resultado… *"…fué arrojado del cielo."* La caída de Satanás la vemos también descrita en Isaías 14:12-14 donde dice: *"¡Cómo caíste del cielo, oh Lucero, hijo de la mañana! Cortado fuiste por tierra, tú que debilitabas las gentes. 13 Tú que decías en tu corazón: Subiré al cielo, en lo alto junto á las estrellas de Dios ensalzaré mi solio, y en el monte del testimonio me sentaré, á los lados del aquilón; 14 sobre las alturas de las nubes subiré, y seré semejante al Altísimo."* Desde entonces las armas más usadas por Satanás en contra de los seres humanos son el orgullo y la ambición.

¿Quiénes son los demonios? Mateo 25: 41 nos habla del *"fuego eterno preparado para el diablo y sus ángeles"*. Apocalipsis 12:4 nos habla del dragón (el diablo) que con su cola arrastraba una tercera parte de las estrellas. En este caso, muchos expertos de interpretación bíblica dicen que el término "estrellas" se refiere a ángeles, o en otras palabras, que el diablo arrastró con él una tercera parte de los ángeles. Por último, en el verso 9 nos dice que el diablo fué arrojado a la tierra y sus ángeles con él.

En conclusión, los demonios son esos ángeles caídos o espíritus malignos a los cuales se refiere la Bíblia. El término demonio viene del latín "doemon" que significa espíritu maligno y del griego "daimon", que significa un ser divino.

Hay ciertas cosas que quisiera señalar sobre los demonios:

1. Los demonios al igual que los ángeles no mueren, por lo tanto se están moviendo en la tierra desde su caída.

2. Los demonios están enojados en contra de Dios y su prioridad es destruír todo lo que Dios ama o ha creado, primordialmente al hombre.

3. Los demonios, al igual que Satanás, son seres sin cuerpo, pero están bien organizados.

4. Como son espíritus, necesitan un cuerpo en el cual se puedan manifestar y por lo tanto, habitan en cualquier persona que se deje poseer. Estos demonios usan frecuentemente los nombres de las personas en quienes habitaban.

5. Los demonios se ponen apodos. Por ejemplo, en Marcos 5:9 el demonio que estaba en el gadareno se llamó a si mismo "legión" porque eran muchos.

6. Los demonios son mentirosos, por lo tanto, no podemos confiar en nada de lo que nos dicen. Juan 8:44 dice: *"…Cuando habla mentira, de suyo habla; porque es mentiroso, y padre de mentira."*

7. Los demonios varían en maldad. Lo vemos en Mateo 12:45, *"Entonces va, y toma consigo otros siete espíritus peores que él, y entrados, moran allí; y son peores las cosas últimas del tal hombre que las primeras: así también acontecerá a esta generación mala."*

8. Los demonios varían en poder (Marcos 9:29). *"Y les dijo: Este género con nada puede salir, sino con oración y ayuno."*

9. Ellos saben quien tiene la autoridad y el poder para reprenderlos (Hechos 19:15). *"Y respondiendo el espíritu malo, dijo: A Jesús conozco y sé quién es Pablo: mas vosotros ¿quiénes sois?"*

10. Los demonios no son espíritus de personas muertas.

11. Ellos creen en Dios y tiemblan (Santiago 2:19). Una cosa a señalar- esta creencia en Dios no es una creencia basada en la fé o en la confianza y en la dedicación a Dios, sino en el conocimiento de que Dios es real porque lo han visto. El temor o "temblar" es también por conocer que Dios ya los derrotó y que a ellos les queda solamente un poco de tiempo para recibir su castigo.

12. Los demonios tienen voluntad propia. Mateo 12:44, refiriéndose al demonio, nos dice lo siguiente: *"Entonces dice: Me volveré á mi casa de donde salí: y cuando viene, la halla desocupada, barrida y adornada."*

13. Ellos se oponen a los santos de Dios, o sea, a los creyentes y tienen sus doctrinas como lo vemos en 1 Timoteo 4:1 *"Empero el Espíritu dice manifiestamente, que en los venideros tiempos algunos apostatarán de la fé escuchando a espíritus de error y a doctrinas de demonios."*

Entendiendo esto, lo más importante que tenemos que saber es que ellos tienen que estar sometidos a la autoridad y a la soberanía del Señor Jesucristo, *"El cual está a la diestra de Dios, habiendo subido al cielo; estando a él sujetos los ángeles, y las potestades y virtudes."* 1 Pedro 3:22

CAPITULO 3
EL CENTRO DE OPERACION DE SATANAS

"Conozco a un hombre en Cristo, que hace catorce años (si en el cuerpo, no lo sé; si fuera del cuerpo, no lo sé: Dios lo sabe) fué arrebatado hasta el tercer cielo."
2 Corintios 12:2

Estudiemos en donde se encuentra el reino de Satanás, o donde está su centro de operaciones. Si buscamos en Efesios 6:12, donde leemos lo siguiente: *"Porque no tenemos lucha contra sangre y carne; sino contra principados, contra potestades, contra señores del mundo, gobernadores de estas tinieblas, contra malicias espirituales en los aires,"* podríamos decir que el reino de Satanás está en los aires (epouranios), o en lugares celestes.

Si Dios está en los cielos y el reino de Satanás está en lugares celestes, ¿cómo podemos explicarlo? Si leemos en Génesis 1:1, vemos que *"En el principio creó Dios los cielos y la tierra."* Encontramos en la traduccion de la palabra "cielos" (shamayim), que "Im" es plural, o sea, "cielos". La explicación entonces es que definitivamente hay más de un cielo.

¿Cuántos cielos hay entonces? Analicemos lo siguiente, hay un cielo que es el que vemos y es donde están las estrellas, la luna, el sol, etc. Ese podríamos decir es el primer cielo. Por otro lado, en 2 Corintios 12:2-4, vemos que se habla del "tercer cielo". Aparentemente, es en este tercer cielo que se encuentra el paraíso y es donde habita Dios. Efesios 4: 10 nos dice: *"El que descendió, él mismo es el que también subió sobre todos los cielos para cumplir todas las cosas."* Si tenemos un primer cielo y un tercer cielo podríamos decir que por lo menos tenemos tres. El primer cielo es el que vemos y el tercero es donde habita Dios.

¿Qué del segundo cielo entonces? Si analizamos Daniel 10:12-14, podremos entender mejor. *"Y díjome: Daniel, no temas: porque desde el primer día que diste tu corazón a entender, y a afligirte en la presencia de tu Dios, fueron oídas tus palabras; y a causa de tus palabras yo he venido. 13 Mas el príncipe del reino de Persia se puso contra mí veintiún días: y he aquí, Miguel, uno de los principales príncipes, vino para ayudarme, y yo quedé allí con los reyes de Persia. 14 Soy pues venido para hacerte saber lo que ha de venir a tu pueblo en los postreros días; porque la visión es aún para días."* Vemos que en esta pelea Satanás estaba tratando de impedir que se llevara el mensaje a Daniel interponiéndose al mensajero en el camino. Podríamos concluír entonces que este ataque fué hecho entre el tercer cielo y el primer cielo, o sea, en el segundo cielo. Por conclusión, podríamos decir que Satanás está en el segundo cielo.

Quiero además señalar que de estos textos podemos ver varias cosas:

> 1. La primera es que Dios escuchó la oración de Daniel desde el primer día y que Satanás no pudo impedir la respuesta. Definitivamente, Satanás no puede impedir que nuestras oraciones lleguen a Dios, ni puede impedir que Dios nos reponda.

2. En estos pasajes vemos usado el término "príncipe de Persia", lo que implica que hay potestades satánicas asignadas a diferentes naciones. Persia, por ejemplo, era uno de los imperios que dominaron a Israel en los años 500 A.C. (Babilonia- Persia- Grecia- Roma).

Si continuamos leyendo la Biblia vemos que hay otros textos que implican que Satanás tiene todavía acceso al tercer cielo donde está Dios. Un ejemplo de esto es en Job 1: 6- 7 que nos dice: *"Un día vinieron a presentarse delante de Jehová los hijos de Dios, entre los cuales vino también Satanás. Y dijo Jehová a Satanás; ¿De dónde vienes? Respondió Satanás a Jehová y dijo: de rodear la tierra y de andar en ella."* Job 2:1-2 es muy similar a la cita anterior.

¿Por qué razón todavía Dios le permite a Satanás llegar ante su presencia? La última parte de Apocalipsis 12: 10 nos da una explicación cuando dice: *"... porque ha sido lanzado fuera el acusador de nuestros hermanos, el que los acusaba delante de Dios día y noche."* Satanás es el acusador, pero esto no ha de ser por mucho tiempo, ya que Cristo viene pronto y el fin se acerca. Si seguimos leyendo, Apocalipsis 12:11-12 continúa diciendo: *"Y ellos le han vencido por medio de la sangre del Cordero y de la palabra del testimonio de ellos, y menospreciaron sus vidas hasta la muerte. Por lo cual alegraos, cielos y los que moráis en ellos. Ay de los moradores de la tierra y el mar! porque el diablo ha descendido a vosotros con gran ira, sabiendo que tiene poco tiempo."*

CAPITULO 4
EL CAMPO DE BATALLA DE SATANAS

"Pues aunque andamos en la carne, no luchamos según la carne; porque las armas de nuestra contienda no son carnales, sino poderosas en Dios para la destrucción de fortalezas; destruyendo especulaciones y todo razonamiento altivo que se levanta contra el conocimiento de Dios, y poniendo todo pensamiento en cautiverio a la obediencia de Cristo." 2 Corintios 10:3-5 (Biblia de las Américas)

Nuestra mente es el primordial campo de batalla de Satanás. El trata de infiltrar ideas y tentaciones en nuestras mentes para que caigamos de la gracia de Dios. Si caemos, entonces nos puede tomar en cautiverio. Si Satanás logra tomar control de nuestra mente, tiene la batalla casi ganada. Digo "casi ganada" porque siempre podemos vencer con la ayuda de Dios.

En 2 Corintios 4:4 la Bíblia nos dice: *"El dios de este mundo cegó el entendimiento de los incrédulos, para que no les resplandezca la luz del evangelio de la gloria de Cristo, el cual es la imagen de Dios."* Leyendo este texto podemos ver que Satanás puede edificar fortalezas en la mente de las personas. Una fortaleza es algo que ciega el entendimiento para que no pueda resplandecer la luz de Cristo en ellos. Cuando esto ocurre, la única forma de liberar a esas personas y de destruír esas fortalezas es usando armas espirituales (2 Corintios 10: 3-5). Desgraciadamente, en muchas ocasiones peleamos con armas carnales en contra de la persona que nos ofende y no reconocemos que quien está detrás del problema no es la persona, sino el enemigo, a quien sólo podemos combatir con armas espirituales. Recuerden, nuestra victoria no depende de nuestras fuerzas físicas, depende de nuestra relación con Dios por medio de Jesucristo.

Algunas fortalezas que existen en las mentes de las personas son las siguientes: los prejuicios, las ideas erróneas preconcebidas, las creencias erróneas sobre Dios, algunas ideologías políticas, los prejuicios raciales y el fanatismo. Nosotros como cristianos, sin embargo, tenemos el poder del Espíritu Santo para derribar cualquier fortaleza que ocupe o trate de capturar nuestra mente. Satanás, por supuesto, no quiere que nosotros conozcamos la realidad de que ya Cristo lo ha vencido totalmente y para siempre. No sólo ha vencido a Satanás, sino también a todas sus potestades y principados malignos. Cristo lo derrotó cuando murió por nosotros en la cruz del Calvario. Colosonses 2: 13-15 nos dice así: *"Y vosotros, estando muertos en pecado y en la incircuncisión de vuestra carne, os dio vida juntamente con El, perdonando todos los pecados, anulando el acta de los decretos que había contra nosotros, que nos era contraria, quitándola de en medio y clavándola en la cruz, y despojando a los principados y a las potestades, los exhibió publicamente, triunfando sobre ellos en la cruz."*

Los tres puntos que podemos sacar de estos versos son los siguientes:

>1. El acta de los decretos es la ley de Moisés. Cristo quitó la ley como requisito para ser justo; ahora nuestra fé es contada por justicia.

2. Satanás es el acusador; pero Dios puede y quiere perdonarnos ya que Cristo pagó el precio en la cruz.

3. Ya Satanás no tiene derecho a acusarnos porque Jesús en la cruz le quitó su arma principal, y su posición de acusador terminará pronto como vemos en Apocalipsis 12:10 *"...lanzado fuera el acusador de los hermanos."*

Por tanto, cuando Satanás nos trate de acusar por nuestro pasado le recordamos lo que dice en 2 Corintios 5:2: *"Aquel que no conoció pecado, por nosotros lo hizo pecado, para que nosotros fuésemos hechos justicia de Dios en El."* En otras palabras, Jesús, quien nunca pecó, fué hecho pecado para que nosotros fuéramos hechos justos por su justicia. Esa es la base de nuestra victoria.

Es importante saber que triunfar no significa solamente ganar una batalla, significa mas bien ganar la guerra. Cristo en la cruz obtuvo la victoria contra el mundo satánico. Esa victoria El la ganó para nosotros, ahora El quiere que demos a conocer al mundo esa victoria. Como dice en 2 Corintios 2:14: *"Mas a Dios gracias, el cual nos lleva siempre en triunfo en Cristo Jesús, y por medio de nosotros manifiesta en todo lugar el olor de su conocimiento."*

Mateo 28:18-20 dice: *"Y Jesús se acercó a ellos y les habló diciendo: Toda potestad me es dada en el cielo y en la tierra. Por tanto id, y haced discípulos a todas las naciones, bautizándolos en el nombre del Padre, y del Hijo, y del Espiritu Santo; enseñándoles que guarden todas las cosas que os he mandado; y he aquí yo estoy con vosotros todos los días hasta el fin del mundo."* En otras palabras, El nos dice, Yo tengo el poder, yo he vencido a Satanás. Ahora, tu, dá a conocer al mundo mi victoria cumpliendo la comisión que te he dado.

Hubo por lo menos dos momentos mencionados en la Biblia en los que Jesús obtuvo victorias mayores sobre Satanás.

> 1. En el desierto, cuando después de su ayuno, Jesús se enfrentó a Satanás, resistió la tentación, y lo venció. Esta victoria la obtuvo para sí mismo.

> 2. En la cruz del Calvario, esta vez tuvo la victoria, no como una victoria para sí mismo, sino una victoria para nosotros.

Nuestra responsabilidad hoy día es manifestarle al mundo la victoria de Jesús, según nos dice 2 Corintios 2:14 *"Mas a Dios gracias, El cual nos lleva siempre en triunfo en Cristo Jesús, y por medio de nosotros manifiesta en todo lugar el olor de su conocimiento."* Quiero señalar, que aunque definitivamente tenemos la victoria sobre el enemigo, el enemigo contínuamente nos ataca mentalmente queriendo hacernos pensar que él está en control y que nosotros estamos derrotados. Es por eso que tenemos que resistir hasta el final usando nuestras armas espirituales y manteniéndonos firmes y constantes en nuestra relación con Dios. Esto lo vemos en Santiago 4:7 cuando dice: *"Someteos pues a Dios; resistid al diablo, y de vosotros huirá."* En otras palabras, el diablo nos tentará contínuamente, nosotros lo tenemos que resistir y tenemos que sujetarnos firmemente a la Palabra de Dios, el resultado... el diablo tendrá que huír de nosotros.

CAPITULO 5
NUESTRA PROTECCION
(LA ARMADURA DE DIOS)

"Vestíos de toda la armadura de Dios, para que podáis estar firmes contra las asechanzas del diablo." Efesios 6:11

En los tiempos antiguos, ningún rey o general salía a la batalla sin haberse asegurado que su ejército estuviera propiamente protegido y armado. El no estar protegido y armado era prácticamente asegurar la derrota antes de comenzar la batalla. Una vez los soldados tenían su armadura y las armas necesarias, entonces recibían el entrenamiento para pelear. Pablo, en la epístola a los Efesios, nos habla de la armadura de Dios indicando la realidad de la batalla espiritual en la cual nos encontramos. También nos indica la necesidad de protegernos por medio de nuestra armadura para no ser heridos en dicha batalla espiritual.

Hay seis partes que componen esta armadura de Dios: el cinto de la verdad, la coraza de justicia, el apresto del evangelio, el escudo de la fé, el yelmo de la salvación y la espada del Espíritu. Tomemos una por una:

1. El cinto de la verdad: Para que un legionario romano pudiere luchar cómodamente tenía que ajustarse bien el cinto de forma tal que su túnica o falda no se moviera y estorbara sus movimientos. Esto era primordial y la base para todo lo demás. Nuestro cinto como cristianos es conocer la Verdad, que es Cristo, y andar siempre en ella. No se trata de conocer a Cristo como una verdad abstracta y teológica, es conocerlo a El como el Señor y Salvador, el Rey todopoderoso. Es saber quien es Cristo. En segundo lugar es vivir diariamente la verdad de Cristo, honrándolo, obedeciéndolo, y viviendo como El espera que nosotros vivamos, siendo honrados, sinceros, abiertos y francos. La falta de la honestidad y sinceridad en nuestra vida es como tener una ropa ancha que nos estorba y evita que seamos creyentes activos y efectivos. Es por eso que debemos de apartar de nosotros la insinceridad y la hipocresía y tenemos que hablar siempre con la verdad. Si hacemos esto, podremos siempre agradar a Dios y no tendremos obstáculos para hacer lo que El nos pide que hagamos. Ahora, tenemos siempre que decir la verdad en amor. Esto lo digo ya que hay algunos que utilizan la verdad como una forma de herir y ofender. Como dice en Efesios 4:15: *"Antes, siguiendo la verdad en amor, crezcamos en todas cosas en aquel que es la cabeza, a saber, Cristo."*

2. La coraza de justicia: La coraza protege los órganos vitales del cuerpo, sobre todo el corazón. Proverbios 4: 23 nos dice: *"Sobre toda cosa guardada, guarda tu corazón; porque de él mana la vida."* Parafraseado sería "guarda tu corazón con todas tus fuerzas; porque de él provienen todas las cosas en la vida." Lo que la persona lleva en su corazón determinará el curso de su vida, para bien o para mal. ¿Cómo obtenemos la justicia? ¿Cómo podemos ser justificados y llevar esa coraza de justicia? La Biblia nos habla en 2 Corintios 5:21 *"... al que no conoció pecado, por nosotros lo hizo pecado, para que nosotros fuésemos hecho justicia de Dios en El."* En otras palabras, solamente por Cristo podemos ser justificados. Aquí encontramos otro término que tenemos que definir para poder entender mejor nuestra batalla y usar mejor la armadura. Este término es la justificación. ¿Qué es la justificación? La justificación es un acto de Dios en el que se declara a un pecador justo delante de Dios. Este acto sólo ocurre por medio de la obra redentora de Jesucristo. En otras palabras, nosotros, por nuestros pecados y naturaleza pecaminosa merecemos castigo. Para Dios poder hacer justicia con nosotros, le hubiera sido necesario castigarnos. Dios mostró su amor por nosotros cuando hizo su justicia en Cristo, su único Hijo, quien, aunque nunca pecó, recibió en El el castigo y el juicio de Dios por nosotros. De esa forma, Cristo, al recibir el castigo y juicio de Dios sobre El, pagó el precio y nos compró para que nosotros no tuviéramos que ser castigados. Poniéndolo de otra forma, al recibir a Cristo y hacerlo nuestro Salvador por fé, somos justificados. Efesios 2:8 nos dice: *"Porque por gracia sois salvos por medio de la fé; y esto no de vosotros, pues es don de Dios."* Hay otros textos que nos hablan de forma similar, por ejemplo, Filipenses 3:9 nos dice: *"... la justicia que es de Dios por la fé."* En otras palabras, la fé en Cristo es la que nos justifica y solamente si ponemos nuestra fe en El podemos tener esa coraza de justicia. Así, cuando el diablo nos acuse, debemos recordarle por quien somos justificados.

3. El apresto del evangelio de la paz: El apresto se refiere a los zapatos que usaban los legionarios. Los legionarios usaban sandalias abiertas y pesadas que se ataban con cintas de cuero, las cuales llegaban a la mitad de la pantorrilla. Estas sandalias le permitían a los soldados el marchar distancias largas y también moverse rápidamente al mandato de su comandante. Nosotros los cristianos tenemos que estudiar y memorizar las Escrituras para que podamos relatar de una forma inteligente y apropiada el evangelio de Jesucristo.

Este es un evangelio que produce paz en el corazón y en la mente de los que creen en El. Como dice la Escritura en Juan 14:27: *"La paz os dejo, mi paz os doy; yo no os la doy como el mundo la da. No se turbe vuestro corazón, ni tenga miedo."* Nosotros los cristianos necesitamos tener esa paz en nuestros corazones y nuestras mentes para poder transmitirla cuando prediquemos el evangelio. Mateo 10:12-13 dice: *"Y entrando en la casa, saludadla. Y si la casa fuere digna, vuestra paz vendrá sobre ella; mas si no fuere digna, vuestra paz se volverá a vosotros."* Esto implica que nadie puede impartir algo que no tiene. Estar calzado con el apresto del evangelio significa conocer el evangelio, tener la paz que Dios nos dá y estar listo para actuar cuando Dios nos lo indique. Es, además, llevarle a otros el mensaje de Dios.

4. El escudo de la fé: En tiempos de los Romanos, había dos tipos de escudo, uno pequeño y circular que se usaba cuando el soldado estaba peleando solo y necesitaba mobilidad; el otro era un escudo largo y rectangular (thureos) de cuyo nombre se deriva la palabra "puerta." De este último escudo es que la Biblia nos habla en este pasaje. Los soldados romanos en aquellos tiempos hacían unas paredes humanas al marchar en unidad, uno al lado del otro, manteniendo sus escudos unidos. Cada soldado era responsable por cubrir los soldados a ambos lados y la espalda del soldado del frente. De esta manera formaban una pared sólida y casi imposible de romper. Cada soldado era entrenado para nunca romper filas; cada uno conocía bien a los que estaban a su lado. De ese modo, si lo atacaban no tenía que preocuparse porque su espalda quedara al descubierto, ya que siempre había alguien que lo ayudaba cubriéndole la espalda. Es importante notar que esta formación militar no solamente intimidaba a los enemigos, sino que por ser casi imposible de romper, le dió muchas victorias a los romanos. Quiero señalar que por nuestra propia cuenta no podemos luchar efectivamente en contra del enemigo, es por eso que es importante el congregarse y encontrar nuestro lugar en el Cuerpo de Cristo (la iglesia). Es también importante integrarnos y unirnos a personas en la congregación que nos ayuden y que puedan formar nuestra pared de defensa. En otras palabras, debemos envolvernos con personas maduras que nos ayuden a fortalecernos en la fé y aprender la Palabra de forma tal que ella nos sirva de escudo en contra de los dardos del maligno. Hebreos 11:1 nos dice: *"Es, pues, la fé, la certeza de lo que se espera, la convicción de lo que no se vé,"* y en Romanos 10:17, *"Luego la fe es por el oir; y el oir por la palabra de Dios."* Si nosotros aprendemos a usar este escudo, es decir, a confiar en el Señor y usar su Palabra para que nos cubra y nos dirija, no hay dardo que pueda penetrar y hacernos daño.

5. El yelmo de la salvación: El yelmo es el casco protector que el soldado usaba en la cabeza. Ya que el campo de batalla de Satanás es en nuestra mente, el conocer que somos salvos y que las promesas de Dios son nuestras nos ayuda a mantenernos firmes y a seguir adelante en nuestra batalla espiritual. Nosotros los cristianos nos enfrentamos diariamente a muchas presiones, especialmente si tenemos un ministerio. Uno de los ataques más fuertes en contra nuestra es la depresión. Esta es un arma que Satanás utiliza para distraernos. Si logra deprimirnos, podríamos darnos por vencidos al sentirnos inútiles e incapaces de pelear para el Señor. Gloria a Dios que la Escrítura también nos da armas para combatir la depresión: Isaías 61:3 dice lo siguiente: *"...a ordenar a que los afligidos de Sion se les dé gloria en lugar de ceniza, oleo de gozo en lugar de luto, manto de alegría en lugar del espíritu angustiado."* El espíritu angustiado es lo mismo que la depresión.

Además de la depresión, hay también otras artimañas que el enemigo usa para derrotarnos espiritualmente. Algunas de éstas son los pensamientos negativos, los prejuicios, los complejos, y otras cosas similares. Para cada una de esas cosas, Dios provee las armas de nuestra defensa. Romanos 8:37 nos dice: *"Antes, en todas las cosas somos más que vencedores por medio de aquel que nos amó."*

Otros versos en la Bíblia que nos ayudan son los siguientes:

1 Tesalonicenses 5:8 "Pero nosotros, que somos del día, seamos sobrios, habiéndonos vestido con la coraza de la fé y de amor, y con la esperanza de la salvación como yelmo." La fe en Jesucristo provee para nuestra salvación, nos manda a amar a nuestro prójimo y la esperanza de la salvación proteje nuestra mente al conocer las bendiciones que Dios tiene para nosotros. Esta esperanza es la expectativa de saber que las promesas de Dios son reales y de que todo va a salir bien. En otras palabras, nos ayuda a ver lo mejor en las cosas y a nunca ceder a la depresión.

Romanos 8:28 *"y sabemos que a los que aman a Dios, todas las cosas obran para bien, esto es a los que conforme a su propósito son llamados."*

Hebreos 6:17- 20 *"Por lo cual, queriendo Dios mostrar más abundantemente a los herederos de la promesa la inmutabilidad de su consejo, interpuso juramento; para que por dos cosas inmutables, en las cuales es imposible que Dios mienta, tengamos un fortísimo consuelo los que hemos acudido para asirnos de la esperanza puesta delante de nosotros. La cual tenemos como segura y firme ancla del alma, y que penetra hasta dentro del velo, donde Jesús entró por nosotros como precursor, hecho sumo sacerdote para siempre según el orden de Melquisedec."* Todo lo que nos rodea es temporal y no hay ninguna seguridad en eso. Nosotros somos como barcos anclados en el puerto, el ancla nos da seguridad y estabilidad sobre todo cuando estamos anclados ante la presencia de Dios. Por tanto, como dice en Hebreos 10:23: *"Mantengamos firme la profesión de nuestra fé sin fluctuar; que fiel es el que prometió."* Nunca nos demos por vencidos.

6. La espada del Espíritu: La espada, la Palabra de Dios, es un arma de doble propósito. Esta espada no sólo nos proteje sino que también nos ayuda en la ofensiva ahuyentando al diablo. Hebreos 4:12 nos dice: *"Porque la palabra de Dios es viva y eficaz, y más penetrante que toda espada de dos filos: y que alcanza hasta partir el alma, y aún el espíritu, y las coyunturas y tuétanos, y discierne los pensamientos y las intenciones del corazón."* En Mateo 4:1-11, para combatir al diablo, el Señor Jesús usó la expresión *"Escrito está..."* La palabra usada en estos versos es la palabra griega "rhema" que implica citar la Palabra en voz alta. La Palabra de Dios citada en voz alta es la espada del Espíritu. Cuando el enemigo nos ataque con pensamientos negativos o nos ponga en situaciones desagradables en las cuales pudiéramos fallarle a Dios, no vacilemos en citar la Palabra hablada en contra del enemigo. "Escrito está, Satanás, *antes, en todas estas cosas somos más que vencedores por medio de aquel que nos amó.*" Romanos 8:37

Hermano o hermana, acuérdese de esto, con la armadura, todo esta protejido excepto la espalda. Era por eso que las legiones romanas luchaban en filas muy estrechas (falanges). Los soldados eran entrenados para nunca romper filas y cada uno conocía bien a los que estaban a su lado. De ese modo, cuando era atacado, siempre habría alguien que lo podía ayudar cubriéndole la espalda. Nosotros los creyentes no podemos luchar solos en contra del enemigo. Por eso es importante congregarse y encontrar nuestro lugar en el Cuerpo de Cristo (la iglesia). Es importante también saber quien está a nuestra derecha y quien está a nuestra izquierda ya que éstos son los que nos pueden cubrir la espalda. Desgraciadamente, hay veces que quien nos está cuidando las espaldas es quien nos hiere. Esto no debería ser así, pero pasa. Es por eso que tenemos que confiar que Dios pondrá siempre a nuestro lado a alguien que nos ayude. Decidamos entonces protegernos la espalda los unos a los otros. Es importante notar, que si el soldado se acobardaba y corría del combate, su espalda quedaba al descubierto. Esto le podía costar la vida. Nunca se vaya en retirada y deje el evangélio, le puede costar la vida.

CAPITULO 6
PREPARATIVOS PARA LA BATALLA

"Sed templados, y velad; porque vuestro adversario el diablo, cual león rugiente, anda alrededor buscando a quien devorar" 1 Pedro 5:8

Hay ciertas cosas que nosotros como soldados tenemos que aprender sobre la batalla espiritual antes de que podamos ser efectivos en el ejército del Señor. Estas son las siguientes:

1. Tenemos que entender que la batalla nuestra no es en contra del hermano o la hemana que nos ofende o quien nos hace mal, es en contra de Satanás. Si hay algo que Satanás quiere es que nos pongamos a pelear unos contra otros. En 2 Corintios 2:11 la Bíblia nos dice lo siguiente: *"Porque no seamos engañados de Satanás: pues no ignoramos sus maquinaciones."*

2. La batalla espiritual es una batalla de fé. Esto lo vemos en 1Timoteo 6:12 cuando dice: *"Pelea la buena batalla de la fé, echa mano de la vida eterna, a la cual asimismo eres llamado, habiendo hecho buena profesión delante de muchos testigos."*

3. Jesús tiene que ser nuestro comandante. Hebreos 2:10 nos dice: *"Porque convenía que aquel por cuya causa son todas las cosas, y por el cual todas las cosas subsisten, habiendo de llevar á la gloria a muchos hijos, hiciese consumado por aflicciones al autor de la salvación de ellos."*

4. Tenemos que pelear nuestra batalla bajo la bandera del Señor y con fé. Leamos lo que dice la Palabra en el Salmo 60:4: *"Has dado a los que te temen bandera que alcen por la verdad (Selah),"* y en 1 Corintios 16:13 nos dice: *" Velad, estad firmes en la fé; portaos varonilmente, y esforzaos."*

5. Los guerreros de oración tienen que ser esforzados. Como dice la Escritura en 2 Timoteo 2:1-4: *"Pues tú, hijo mío, esfuérzate en la gracia que es en Cristo Jesús. Y lo que has oído de mí entre muchos testigos, esto encarga a los hombres fieles que serán idóneos para enseñar también a otros. 3 Tú pues, sufre trabajos como fiel soldado de Jesucristo. Ninguno que milita se embaraza en los negocios de la vida; a fin de agradar a aquel que lo tomó por soldado."* Es importante señalar que los soldados esforzados se envuelven en el estudio de la Palabra. Es a través de la Palabra que podemos conocer el poder del enemigo, y por supuesto el poder de Dios. Los soldados entrenados saben pagar el precio de la batalla y no ignoran los dardos del maligno.

6. Hay que evitar el miedo. El enemigo puede tratar de intimidarnos. Nosotros tenemos que saber que el temor no es de Dios y que es una indicación de falta de fé. 2 Timoteo 1:7 nos dice: *"Porque no nos ha dado Dios el espíritu de temor, sino el de fortaleza, y de amor y de templanza."* Los demonios entran muchas veces a través de esa puerta abierta, el temor.

7. El conocimiento de las cosas espirítuales da libertad a los soldados de Cristo porque entendemos que ya tenemos la victoria y que nuestra fuerza viene de Dios. Leamos lo que dice en 1 Juan 4:4: *"Hijitos, vosotros sois de Dios, y los habéis*

vencido; porque el que en vosotros está, es mayor que el que está en el mundo." Si, hermano o hermana, el soldado que conoce las cosas espirituales sabe que Dios es más poderoso que el enemigo. Los que desconocen las Escrituras no son buenos guerreros.

8. Tenemos que ver a Satanás como alguien que ya ha sido derrotado. La Bíblia dice: *"Como está escrito: Por causa de ti somos muertos todo el tiempo: Somos estimados como ovejas de matadero. Antes, en todas estas cosas hacemos más que vencer por medio de aquel que nos amó."* (Romanos 8: 36-37) Si, mi hermano o hermana, en Cristo somos más que vencedores, pues ya Cristo derrotó a Satanás en la cruz del Calvario.

9. Tenemos que cuidarnos de no caer en ninguna de sus trampas. Las dos trampas más efectivas que el enemigo utiliza en contra nuestra son las siguientes:

a. **El orgullo Espiritual:** Según vamos experimentando las victorias en nuestras vidas podemos caer en el error de pensar que por nuestra espiritualidad y dedicación somos nosotros los que estamos derrotando al enemigo. Si vamos a pelear la guerra espiritual y creemos que que Dios nos va a dar su poder sin esperar humildad de nuestra parte, estamos en problemas. Pablo nos dice en 1 Corintios 2:3 lo siguiente: *"Y estuve entre vosotros con debilidad, y con mucho temor y temblor"* explicando luego en 2 Corintios 12:10 lo siguiente: *"Por lo cual, por amor a Cristo me gozo en las debilidades, en afrentas, en necesidades, en persecuciones, en angustias; porque cuando soy débil, entonces soy fuerte".*

Fácilmente podemos pensar que nuestras victorias son por nuestra fuerza y dedicación, olvidándonos que el Señor es quien nos dá nuestras victorias. De pensar así, vamos a tener problemas porque el enemigo tomará ventaja sobre nosotros. Sin contar con el Señor, tenemos las de perder. Es por eso que la Biblia nos enseña claramente en Juan 15:4: *"Estad en mí, y yo en vosotros. Como el pámpano no puede llevar fruto de sí mismo, si no estuviere en la vid; así ni vosotros, si no estuviereis en mí. 5 Yo soy la vid, vosotros los pámpanos: el que está en mí, y yo en él, éste lleva mucho fruto; porque sin mí nada podéis hacer."*

b. **Subestimar al Enemigo:** Un hombre llamado Johanes Fascius, de Alemania, llevó un grupo de intercesores al mausoleo de Lenín en Moscú. Ellos sintieron pronunciar juicio sobre los "dioses del sistema soviético" (tomado de una revista británica). Lo que pasó en los cielos en ese momento no lo sabemos, pero poco después el comunismo soviético cayó. Por otro lado, después de esa batalla, Fascius sufrió el ataque más severo que jamás hubiera experimentado en su vida, cayó enfermo del corazón, perdió casi todas sus fuerzas y casi muere. Después de ese ataque Fascius entró en una depresión que le duró 3 años. No fué hasta que él se dió cuenta de lo que pasaba que fué liberado. La victoria la obtuvo después de una oración que duró 30 segundos. Lo que le pasó a Fascius no fué otra cosa que un contra-ataque del espíritu de muerte a quien ellos habían vencido en el mausoleo de Lenín. Definitivamente no podemos subestimar a nuestro enemigo.

10. La enseñanza sobre la guerra espiritual tiene que ser dada desde un punto de vista bíblico. Qué triste es cuando uno ve

que personas están hablando de "exorcismos" basando sus enseñanzas en teorías humanas aprendidas de fórmulas enseñadas en Hollywood. Hay una sola realidad y ésta es la siguiente: la batalla se pelea en el Nombre de Jesús, el cual es el nombre sobre todo nombre. Claramente nos dice la Escritura: *"Porque escrito está: Vivo yo, dice el Señor, que a mí se doblará toda rodilla, Y toda lengua confesará á Dios."* (Romanos 4:11)

11. La batalla espiritual no puede ser ritualista. Se necesita tener una relación íntima con el Señor y una dedicación total a su causa. De la misma forma, la batalla espíritual tiene que estar acompañada de un deseo sincero de que las almas se salven y que éstas verdaderamente puedan cumplir el plan de Dios en sus vidas. Hay una historia en la Biblia en la cual unos hombres querían apoderarse del ministerio de la liberación para ganar provecho propio. Esta historia la vemos en Hechos 19:13-17 y dice así: *"Y algunos de los judíos, exorcistas vagabundos, intentaron invocar el nombre del Señor Jesús sobre los que tenían espíritus malos, diciendo: Os conjuro por Jesús, el que Pablo predica. 14 Y había siete hijos de un tal Sceva, judío, príncipe de los sacerdotes, que hacían esto. 15 Y respondiendo el espíritu malo, dijo: A Jesús conozco y sé quién es Pablo: mas vosotros ¿quiénes sois? 16 Y el hombre en quien estaba el espíritu malo, saltando en ellos, y enseñoreándose de ellos, pudo más que ellos, de tal manera que huyeron de aquella casa desnudos y heridos. 17 Y esto fué notorio a todos, así judíos como griegos, los que habitaban en Efeso: y cayó temor sobre todos ellos, y era ensalzado el nombre del Señor Jesús."*

12. Dios quiere que todos los intercesores tengan una cubierta espiritual. No debe haber llaneros solitarios en el Señor. Cada persona que quiera ser un intercesor debe pertenecer a una iglesia local. Dios estableció su iglesia y con ella cambió al mundo. El ha asignado pastores para que cuiden por vuestras almas. *"Acordaos de vuestros pastores, que os hablaron la Palabra de Dios; la fé de los cuales imitad, considerando cuál haya sido el éxito de su conducta."* (Hebreos 13:7) El intercesor debe sujetarse a su pastor e informarle de su deseo de unirse al ejército de intercesores de la iglesia.

13. Nunca nos olvidemos de la oración. Dios tiene ángeles que nos ayudan en la batalla espiritual. Varios años atrás mi hijo Jann tuvo la siguiente visión: El vió que en el patio de la iglesia había un ángel peleando con un demonio. La batalla era bien fuerte y cada vez que el ángel cortaba al demonio, éste se multiplicaba. Cuando Jann vio lo que ocurría, sintió orar y cuando oró, vio una mano gigantesca que destruyó al demonio. Definitivamente, Dios interviene cuando oramos, cumpliendo lo que dice la Palabra en Santiago 5:16 *"Confesaos vuestras faltas unos a otros, y rogad los unos por los otros, para que seáis sanos; la oración del justo, obrando eficazmente, puede mucho."*

Cuando oramos, Dios envía ángeles para ayudarnos. La oración añade el empuje adicional que necesitamos para tener la victoria, porque ésta traspasa el reino de Satanás y Dios interviene de una manera sobrenatural. Hermanos, tenemos que ser sinceros en nuestra oración; no podemos usar una vana repetición; Dios no se agrada de eso. La falta de oración puede causarnos un desastre en nuestra batalla espiritual.

CAPITULO 7
ENTRENANDO PARA LA BATALLA:

"Pedid, y se os dará; buscad y hallaréis; llamad, y se os abrirá, Porque todo aquel que pide, recibe; y el que busca, halla; y al que llama se le abrirá ¿Qué hombre hay de vosotros, que si su hijo le pide pan, le dará una piedra? ¿O si le pide un pescado le dará una serpiente? Pues si vosotros siendo malos, sabéis dar buenas dádivas a vuestros hijos, ¿cuánto más vuestro Padre que está en los cielos dará buenas cosas a los que le pidan?"
Mateo 7: 7-11

Dios es la fuente de todo poder. El salmo 62:11 dice: *"Una vez habló Dios; dos veces he oído esto; que de Dios es el poder."* Si ejercemos nuestra autoridad en Cristo, Satanás tiene que cambiar sus planes. Ahora, como todo buen soldado, necesitamos ser entrenados para pelear la batalla espiritual. Santiago 4: 7-10 dice: *"Someteos pues á Dios; resistid al diablo, y de vosotros huirá. Allegaos á Dios, y él se allegará á vosotros. Pecadores, limpiad las manos; y vosotros de doblado ánimo, purificad los corazones. Afligíos, y lamentad, y llorad. Vuestra risa se convierta en lloro, y vuestro gozo en tristeza. Humillaos delante del Señor, y él os ensalzará."*

Hay varios puntos a considerar en estos pasajes bíblicos:

1. El verso 7 nos dice que antes de poder pelear una batalla exitosa, necesitamos estar sometidos a Dios. El resistir implica que nuestra vida de oración tiene que estar enfocada en el punto de ataque. No podemos desviarnos de la meta, aunque

no recibamos la contestación inmediatamente. Algunos demonios son tercos y van a probar nuestra fé a ver si en realidad creemos en el poder de Dios y en nuestra autoridad como sus hijos.

2. El verso 8 nos enseña que un guerrero de oración debe llevar una vida en santidad, sometida a Dios. En Isaías 45:11-13 la Palabra añade: *"Así dice Jehová, el Santo de Israel, y su Formador: Preguntadme de las cosas por venir; mandadme acerca de mis hijos, y acerca de la obra de mis manos. Yo hice la tierra, y creé sobre ella al hombre. Yo, mis manos, extendieron los cielos, y a todo su ejército mandé. Yo lo desperté en justicia, y enderezaré todos sus caminos; él edificará mi ciudad, y soltará mis cautivos, no por precio ni por dones, dice Jehová de los ejércitos."*

3. En los versos 9 y 10 se nos implica lo siguiente:

    a. Tenemos que tener una convicción grande sobre las injusticias que hacen los poderes de tas tinieblas.

    b. Tenemos que estar envueltos emocional y espiritualmente con Dios.

    c. Tenemos que observar las circumstancias y las situaciones que estamos pasando, y tener el discernimiento para distinguir entre lo que está bien y lo que está mal e interceder para que las cosas cambien.

    d. Tenemos sencillamente que creer en la Palabra de Dios y que El es capaz de hacer mucho más de lo que nosotros pensamos. (Efesios 3:20). Después de todo, todas las cosas son posibles para el que cree. (Marcos 9:23).

El poder y la autoridad de Jesús son tan grandes que aún la naturaleza se somete a El; ejemplo de esto lo vemos cuando cambió el agua en el producto de la vid, cuando bendijo los panes y los peces y fueron muitiplicados, cuando dió la orden y Lázaro resucitó. También vemos que los demonios se tienen que someter a su autoridad. Cuando El les ordenaba que salieran, las personas eran liberadas en ese mismo momento. Jesús delegó en nosotros su poder y autoridad cuando dijo en Juan 14:12: *"De cierto, de cierto os digo: El que en mí cree, las obras que yo hago también él las hará; y mayores que éstas hará; porque yo voy al Padre."* En Mateo 21:21 lo repite de esta manera: *"Y respondiendo Jesús les dijo: De cierto os digo, que si tuviereis fé, y no dudareis, no sólo haréis esto de la higuera: mas si a este monte dijereis: Quítate y échate en la mar, será hecho."*

Si, hermano o hermana, Cristo nos ha dado de su poder y autoridad para vencer. En la batalla espiritual tenemos que saber que en Cristo somos más que vencedores. Ahora, quiero hacer énfasis en que la victoria la obtenemos solamente si estamos en El y obedecemos su Palabra. *"Porque la palabra de Dios es viva y eficaz, y más penetrante que toda espada de dos filos: y que alcanza hasta partir el alma, y aún el espíritu, y las coyunturas y tuétanos, y discierne los pensamientos y las intenciones del corazón."* (Hebreos 4:12). En Santiago 1:21, El nuevamente nos recalca: *"Por lo cual, dejando toda inmundicia y superfluidad de malicia, recibid con mansedumbre la palabra ingerida, la cual puede hacer salvas vuestras almas. 22 Mas sed hacedores de la palabra, y no tan solamente oidores, engañándoos a vosotros mismos. 23 Porque si alguno oye la palabra, y no la pone por obra, este tal es semejante al hombre que considera en un espejo su rostro natural. 24 Porque él se consideró a sí mismo, y se fué, y luego se olvidó qué tal era. 25 Mas el que hubiere mirado atentamente en la perfecta ley, que es la de la libertad, y perseverado en ella, no siendo oídor olvidadizo, sino hacedor de la obra, este tal será bienaventurado en su hecho."*

Pablo en Efesios 1:17-23 nos habla de la relación entre la autoridad del creyente y la autoridad de Jesús cuando nos dice: *"Que el Dios del Señor nuestro Jesucristo, el Padre de gloria, os dé espíritu de sabiduría y de revelación para su conocimiento; 18 Alumbrando los ojos de vuestro entendimiento, para que sepáis cuál sea la esperanza de su vocación, y cuáles las riquezas de la gloria de su herencia en los santos, 19 Y cuál aquella supereminente grandeza de su poder para con nosotros los que creemos, por la operación de la potencia de su fortaleza, 20 La cual obró en Cristo, resucitándole de los muertos, y colocándole a su diestra en los cielos, 21 Sobre todo principado, y potestad, y potencia, y señorío, y todo nombre que se nombra, no sólo en este siglo, mas aún en el venidero: 22 Y sometió todas las cosas debajo de sus pies, y diólo por cabeza sobre todas las cosas a la iglesia, 23 La cual es su cuerpo, la plenitud de Aquel que hinche todas las cosas en todos."*

En estos pasajes podemos aprender lo siguiente:

1. El verso 17 nos habla del "espíritu de sabiduría y de revelación para el conocimiento de El." Tenemos que ver a Jesús desde el punto de vista del Padre.

2. En el verso 18 nos implica que Jesús ganó la guerra en el Calvario y que tiene la autoridad para darnos ese mismo poder. Viendo su poder, vemos la derrota de Satanás.

3. En los versos 19-23 se nos habla de la soberanía de Dios (Soberanía es un término teológico que se refiere al poder ilimitado de Dios), en otras palabras, que Dios tiene control de todo. La Biblia nos declara que Dios está llevando a cabo su plan soberano de redención sobre el mundo entero y nadie podrá impedir que El lo complete. Este plan Dios lo estableció inmediatamente después de la caída de los seres humanos y lo vemos en Génesis 3:15 cuando dice: *"Y enemistad pondré entre ti y la mujer, y entre tu simiente y la simiente suya; ésta te herirá en la cabeza, y tú le herirás en el calcañar."* Este plan fué completado en el Calvario con la muerte de Jesús. Qué lindo es saber que Dios demostró su amor por medio de la muerte de Jesús en la cruz del Calvario; sin ese sacrificio no habría ninguna libertad ni ninguna esperanza de vida eterna para el ser humano.

Si leemos todo el capítulo 1 del libro de los Efesios vemos que en los vs. 6-9 nos dice: *"Para alabanza de la gloria de su gracia, con la cual nos hizo aceptos en el Amado: 7 En el cual tenemos redención por su sangre, la remisión de pecados por las riquezas de su gracia, 8 que sobreabundó en nosotros en toda sabiduría é inteligencia; 9 descubriéndonos el misterio de su voluntad, según su beneplácito, que se había propuesto en sí mismo."* Aquí se nos habla de que tenemos que estar convencidos de la omnipotencia de Dios (Dios todo lo puede), la omnipresencia de Dios (Dios está en todo lugar) y la omnisciencia de Dios (Dios todo lo sabe).

3. Tenemos que estar convencidos de que según los versos 21-23, Jesucristo tiene autoridad *"Sobre todo principado, y potestad, y potencia, y señorío, y todo nombre que se nombra, no sólo en este siglo, mas aún en el venidero: 22 Y sometió todas las cosas debajo de sus pies, y diólo por cabeza sobre todas las cosas a la iglesia, 23 La cual es su cuerpo, la plenitud de Aquel que hinche todas las cosas en todos."* Su poder es sobre todo, su nombre es sobre todo nombre, y su amor es más grande que todo. Jesús es el Rey de reyes y Señor de señores, Filipenses 2:9-11: *"Por lo cual Dios también le ensalzó a lo sumo, y dióle un nombre que es sobre todo nombre; 10 Para que en el nombre de Jesús se doble toda rodilla de los que están en los cielos, y de los que están en la tierra, y de los que debajo de la tierra; 11 Y toda lengua confiese que Jesucristo es el Señor, a la gloria de Dios Padre."*

4. Por último, tenemos que estar convencidos de lo que dice en Apocalipsis 11:15: *"Y el séptimo ángel tocó la trompeta, y fueron hechas grandes voces en el cielo, que decían: Los reinos del mundo han venido a ser los reinos de nuestro Señor, y de su Cristo: y reinará para siempre jamás."*
Definitivamente, ¡Cristo es el Vencedor!

CAPITULO 8
LA OFENSIVA

"Como está escrito: Por causa de ti somos muertos todo el tiempo: Somos estimados como ovejas de matadero. Antes, en todas estas cosas hacemos más que vencer por medio de aquel que nos amó. Por lo cual estoy cierto que ni la muerte, ni la vida, ni ángeles, ni principados, ni potestades, ni lo presente, ni lo por venir, Ni lo alto, ni lo bajo, ni ninguna criatura nos podrá apartar del amor de Dios, que es en Cristo Jesús Señor nuestro." Romanos 8:36-39

Ninguna guerra se gana si no hay avance en el campo de batalla. Un pueblo sitiado eventualmente pierde el ánimo e internamente comienza su derrota. Es por eso que es necesario que para ganar haya una ofensiva. Esta ofensiva no puede ser pasiva o para mantener el terreno solamente, tiene que ser una ofensiva en la cual se alcance progreso y se vislumbre la victoria. El problema con la batalla espiritual, contrario a las batallas físicas, es que no sólo no vemos al enemigo, tampoco vemos el progreso. El ataque del enemigo es constante y fuerte, por eso tenemos que protegernos con el escudo de la fé, confiando que la espada del espíritu está haciendo su efecto y que nos está acercando a la victoria. Todo soldado tiene que recibir y seguir las instrucciones de su comandante. La forma en que el soldado de Cristo recibe esas instrucciones es mediante la oración y la lectura de La Palabra. Cuando una persona se discíplina orando de una forma bíblica, persistente, regular, y en fé, esta persona tiene la fuerza y la información necesaria para vencer. Estas personas son los guerreros de oración y éstos saben que tienen en sus manos la victoria. Ahora, el mundo sólo puede ver esa victoria de Cristo cuando los siervos del Señor la demuestran. Si somos guerreros de oración, nuestra misión debe ser el manifestar al mundo la victoria de Cristo sobre Satanás, o sea, decirle y demostrarle al mundo que ya Cristo ha ganado y que Satanás está derrotado. Cristo nos ha dado autoridad a los cristianos en contra de principados y potestades de las tinieblas. Esa autoridad sólo sirve si la ejercemos. Es importante reconocer, sin embargo, que nosotros sin el Señor nada podemos hacer, por tanto tenemos que velar para no descuidarnos y caer, ya sea en el "orgullo espiritual" o en "el subestimar a nuestro enemigo." Teniendo eso en cuenta, si leemos Mateo 16:18 encontramos lo siguiente: *"Mas yo también te digo, que tú eres Pedro, y sobre esta piedra edificaré mi iglesia; y las puertas del infierno no prevalecerán contra ella."* Aquí vemos el término "las puertas del infierno". Muchas personas interpretan ese verso diciendo que Dios no permitirá ninguna derrota en la iglesia, y que podemos contar con su protección. Eso es cierto, pero el término describe más la ofensiva que nuestra defensa. El mundo está en tinieblas y nosotros los cristianos tenemos que salir y rescatar del infierno los perdidos mediante nuestra predicación. En este verso entonces, se nos asegura que si usamos la autoridad de Cristo y vivimos conforme a su Palabra, Dios mismo permitirá que las almas se salven y vengan de las tinieblas a la luz, o sea, del infierno al campamento de Dios.

Cuando un pecador viene a Cristo, se convierte en un hijo de Dios y Dios tiene muchas cosas para sus hijos, es decir, nosotros. Por ejemplo, en Juan 1:29; 1 Corintios 15:3; y Colosenses 1: 14, vemos que Cristo nos limpia de todo pecado. En Apocalipsis 5:12,13 y Hechos 1:8; 2:38, El nos bautiza con su Espíritu Santo. Esas promesas y muchas más son las que Dios tiene para con su pueblo. El diablo (el enemigo) nos las quiere robar como dice en Juan 10:10: *"El ladrón no viene sino para hurtar, y matar, y destruír: Yo he venido para que tengan vida, y para que la tengan en abundancia."*

Tenemos que salir de nuestro campamento y por la autoridad que Cristo nos da y con su protección, llevarles a otros las buenas nuevas de salvación. De esa forma podemos rescatarlos del infierno (o de este mundo) para que ellos también como nosotros tengan vida eterna con Dios. Allí está la promesa "las puertas del infierno" no prevalecerán. No hay diablo que pueda impedir que las almas se salven. Las promesas de Dios son para su pueblo, esto es, para los que se han arrepentido de sus pecados y aceptado a Cristo como su Salvador, pero las promesas de Dios son también condicionales a su Palabra. En otras palabras, para poder tener sus promesas tenemos que limpiar nuestras vidas (Gálatas 5:15; 1 Pedro 2:11) y cuidar nuestra salvación con temor y temblor (Filipenses 2:12). Si seguimos esto, no sólo tendremos nuestra salvación, sino que nunca perderemos la sensibilidad por las cosas de Dios. El poder de Dios nos ayuda para vencer al diablo y para resistir toda tentación. Acuérdense de Filipenses 4:13: *"Todo lo puedo en Cristo que me fortalece."* Muchas veces nosotros vemos solamente nuestros problemas y batallas, pero Dios quiere que compartamos el evangelio con otros. Isaías 55:8 nos dice así: *"Porque mis pensamientos no son vuestros pensamientos, ni vuestros caminos mis caminos, dijo Jehová."* Nosotros en nuestra humanidad nos cansamos y en la carne sólo pensamos en sobrevivir, nos olvidamos que en Gálatas 5:24 nos dice: *"Porque los que son de Cristo han crucificado la carne con los afectos y concupiscencias."* Quiero hacer mucho énfasis en que Dios quiere que seamos testigos de su poder y de la transformación que El ha hecho en nosotros; por tanto tenemos que cuidar nuestro testimonio, como dice en 1 Tesalonicenses 5:22: *"Apartaos de toda especie de mal."*

Como he dicho anteriormente, Dios no quiere que solamente estemos a la defensiva. Dios quiere que también tomemos la ofensiva en el rescate de las almas para Dios. En fin, el ejército que gana no es el que se defiende, sino es el que avanza, Mateo 16:18: *"...y las puertas del infierno (invisible que no se ve) no prevalecerán en contra de la iglesia."* En otras palabras, la armadura de Dios nos protege, pero la protección en contra de los ataques es sólo parte de lo que Dios quiere para nosotros. El también quiere protegernos cuando comenzamos nuestra ofensiva en el rescate de las almas perdidas.

Capítulo 9
¿Cuáles son nuestras armas para la ofensiva?

"Porque las armas de nuestra milicia no son carnales (físicas, ni materiales; no son bombas, balas, tanques ni aviones) sino poderosas en Dios para la destrucción de fortalezas." 1 Corintios 10:4

Tenemos que conocer que según Dios nos equipa, nos protege y nos da las armas para protegernos, también El nos equipa dándonos armas para nuestra ofensiva. Entre las armas que tenemos para la ofensiva están la oración, la alabanza, la predicación y el testimonio. Veamos una a una.

1. El arma de la oración: La oración es una de las armas más poderosas en la batalla. La Biblia dice en 1 Corintios 10:4 lo siguiente: *"Porque las armas de nuestra milicia no son carnales (físicas, ni materiales; no son bombas, balas, tanques ni aviones) sino poderosas en Dios para la destrucción de fortalezas."* En Efesios 6:18 nos dice también de la siguiente forma *"Orando en todo tiempo con toda deprecación y súplica en el Espíritu, y velando en ello con toda instancia y suplicación por todos los santos."* Como verán, la oración es un arma poderosa. Dios interviene milagrosamente cuando oramos, esto lo vemos cuando Pedro fue puesto en prisión. A él lo amarraron de dos guardias y la Biblia dice lo siguiente en Hechos 12: 5-11: *"Así que, Pedro era guardado en la cárcel; y la iglesia hacía sin cesar oración á Dios por él. 11 Entonces Pedro, volviendo en sí, dijo: Ahora entiendo verdaderamente que el Señor ha enviado su ángel, y me ha librado de la mano de Herodes, y de todo el pueblo de* *los judíos que me esperaba."* Dios intervino milagrosamante y un ángel lo libertó de la prisión. Ahora, quiero decirles que antes de que alguien pueda entender la profundidad de la oración intercesora, esa persona tiene que prepararse. Todo soldado antes de ir a pelear en una guerra tiene que ser entrenado. Nosotros también tenemos que prepararnos ya que, como dije anteriormente, nuestra batalla en contra de los poderes de las tinieblas es muy real y dura. La única forma que podemos llegar a ver la victoria es manteniéndonos firmes hasta que Él venga. Pablo nos dice en Efesios 6 que tenemos que orar en todo tiempo en el Espíritu. No podemos dejar de orar, si lo hacemos y nos descuidamos, podríamos ser heridos y desviar nuestra mente del Señor. Entonces es cuando dejamos que el enemigo penetre en nuestro campo de batalla, o sea, en nuestra mente. Si eso pasa, entonces es más dificil recobrar el terreno que hemos perdido. Teniendo esto en mente, ahora más que nunca necesitamos orar los unos por los otros y estar siempre alertas y listos para la batalla.

2. **El arma de la alabanza:** Después de la oración, otra de nuestras armas para la batalla es la alabanza. La alabanza también invita a que Dios se manifieste sobrenaturalmente y además es la respuesta adecuada cuando Dios muestra su poder. En Exodo 15:9-11 vemos que la Palabra dice: *"El enemigo dijo: Perseguiré, prenderé, repartiré despojos; Mi alma se henchirá de ellos; Sacaré mi espada, destruirlos ha mi mano. 10 Soplaste con tu viento, cubriólos la mar: Hundiéronse como plomo en las impetuosas aguas. 11 ¿Quién como tú, Jehová, entre los dioses? ¿Quién como tú, magnífico en santidad, terrible en loores, hacedor de*

maravillas?" Aquí el salmista da alabanza por lo que Dios hizo. A continuación vemos otros versos que nos hablan de alabar a Dios por lo que El hace por nosotros. Definitivamente, El es digno de nuestra alabanza.

Salmo 22:23: *"Los que teméis a Jehová, alabadle; Glorificadle, simiente toda de Jacob; Y temed de él, vosotros, simiente toda de Israel."*

Apocalipsis 12:10: *"Y oí una grande voz en el cielo que decía: Ahora ha venido la salvación, y la virtud, y el reino de nuestro Dios, y el poder de su Cristo; porque el acusador de nuestros hermanos ha sido arrojado, el cual los acusaba delante de nuestro Dios día y noche."*

Apocalipsis 16:13-14: *"Y vi salir de la boca del dragón, y de la boca de la bestia, y de la boca del falso profeta, tres espíritus inmundos a manera de ranas: 14 Porque son espíritus de demonios, que hacen señales, para ir a los reyes de la tierra y de todo el mundo, para congregarlos para la batalla de aquel gran día del Dios Todopoderoso."*

Salmo 149:6-9 *"Ensalzamientos de Dios modularán en sus gargantas. y espadas de dos filos habrá en sus manos; 7 Para hacer venganza de las gentes, y castigo en los pueblos; 8 para aprisionar sus reyes en grillos, y sus nobles con cadenas de hierro; 9 Para ejecutar en ellos el juicio escrito: gloria será ésta para todos sus santos. Aleluya."*

1 Corintios 5:2-3: *"Y vosotros estáis hinchados, y no más bien tuvisteis duelo, para que fuese quitado de en medio de vosotros el que hizo tal obra. 3 Y ciertamente, como ausente con el cuerpo, mas presente en espíritu, ya como presente he juzgado al que esto así ha cometido."*

Mediante la Palabra de Dios y el arma de la alabanza, Dios nos da la autoridad para juzgar gobernantes y reyes de pueblos y naciones. Esta es una autoridad y un poder tremendo. Además, como Dios se mueve en la alabanza de su pueblo, he encontrado que cuando las personas están desanimadas y sienten que sus fuerzas se le están agotando, si la persona comienza a alabar, el ánimo se levanta y la victoria se hace más evidente. Alabar a Dios cuando se está en pruebas o frente a la batalla le agrada a Dios porque le estamos diciendo que confiamos en la victoria aún antes de verla. Es una demostración de fé cuyo resultado es la victoria. Dios honra a los que le honran. (1 Samuel 2:30)

3. **El arma de la predicación:** Esta tercera arma tiene una relación estrecha con el declarar la Palabra de Dios. La Palabra de Dios es la que nos da autoridad en contra del enemigo. Si la gente no conoce la Palabra de Dios, fácilmente pueden ser engañados. En 2 Timoteo 4:1-4 nos dice el Señor a través del apóstol Pablo: *"Requiero yo pues delante de Dios, y del Señor Jesucristo, que ha de juzgar a los vivos y los muertos en su manifestación y en su reino. 2 Que prediques la palabra; que instes a tiempo y fuera de tiempo; redarguye, reprende; exhorta con toda paciencia y doctrina. 3 Porque vendrá tiempo cuando ni sufrirán la sana doctrina; antes,*

teniendo comezón de oir, se amontonarán maestros conforme a sus concupiscencias, 4 Y apartarán de la verdad el oído y se volverán a las fábulas."* En Isaías 55:11 también nos dice: *"Así será mi palabra que sale de mi boca: no volverá a mí vacía, antes hará lo que yo quiero, y será prosperada en aquello para que la envié."* En Hebreos 4:12 se nos dice: *"Porque la palabra de Dios es viva y eficaz, y más penetrante que toda espada de dos filos: y que alcanza hasta partir el alma, y aun el espíritu, y las coyunturas y tuétanos, y discierne los pensamientos y las intenciones del corazón."* En Lucas 21:33 dice: *"El cielo y la tierra pasarán; mas mis palabras no pasarán."* Como verán, debemos predicar todo el consejo de Dios, sin omitir nada. De esa forma no sólo tendremos el respaldo de Dios, sino que estaremos proveyendo armas para que otros tambien adquieran la victoria.

4. **El arma del testimonio:** Hechos 1:8 nos dice: *"Mas recibiréis la virtud del Espíritu Santo que vendrá sobre vosotros; y me seréis testigos en Jerusalem, en toda Judea, y Samaria, y hasta lo último de la tierra"*, y Apocalipsis 12:7-11: *"Y fué hecha una grande batalla en el cielo: Miguel y sus ángeles lidiaban contra el dragón; y lidiaba el dragón y sus ángeles. 8 Y no prevalecieron, ni su lugar fué más hallado en el cielo. 9 Y fué lanzado fuera aquel gran dragón, la serpiente antigua, que se llama Diablo y Satanás, el cual engaña a todo el mundo; fué arrojado en tierra, y sus ángeles fueron arrojados con él." 10 Y oí una grande voz en el cielo que decía: Ahora ha venido la salvación, y la virtud, y el reino de nuestro Dios, y el poder de su Cristo; porque el acusador de nuestros hermanos ha sido arrojado, el cual los acusaba delante de nuestro Dios día y noche. 11 Y ellos le han vencido por la sangre del Cordero, y por la palabra de*

su testimonio; y no han amado sus vidas hasta la muerte." Para poder ser efectivos en la predicación del evangelio es indispensable que vivamos nuestras vidas conforme a los mandatos de Dios. Una de las cosas que ha dañado la credibilidad de los creyentes es el mal testimonio que muchos cristianos están dándole al mundo.

Conclusión

Tenemos que convencernos de que estamos en una batalla, que esta batalla es real, pero nuestro enemigo no es el ser humano sino el diablo y todos sus demonios. Tenemos que saber que nosotros estamos en el lado del Vencedor, nuestro Señor Jesucristo y aprovechar el hecho de que Dios ha provisto las instrucciones, la protección y las armas necesarias para la victoria. Si hacemos esto, en El somos más que vencedores y si usamos las armas que Dios nos ha dado, entonces tendremos la victoria en todas nuestras batallas. Es por eso que los exhorto a que se mantengan firmes, que echen a un lado el orgullo espiritual y la indiferencia. Por supuesto, no podemos subestimar al enemigo. Haciendo esto, no sólo estaremos firmes cuando Cristo venga, sino que alcanzaremos a otros para la Gloria de Dios.

Que Dios les bendiga.

Datos sobre el autor

El Dr. Joffre Pascal Vivoni, dentista de profesión, fue llamado al ministerio completo en el 1977. Salió de Puerto Rico en el 1981 y se radicó en Jacksonville, Florida, donde comenzó la Iglesia de Dios Hispana de Jacksonville (Jacksonville Hispanic Church of God and Crosscultural Center). Ha pertenecido a diferentes juntas de entrenamiento de pastores y a la junta de ministerios multiculturales de la Iglesia de Dios tanto a nivel estatal como a nivel nacional. Ha sido supervisor de iglesias y hoy día, además de seguir pastoreando su iglesia, es el presidente de Southeastern Theological Seminary y Bible Foundations Ministries, Inc. Pertenece a las siguientes juntas educativas: Church of God Association of Christian Schools, Florida Council of Private Colleges, American Council of Private Colleges y es un miembro fundador de la American Association of Christian Counselors.

La pasión del Dr. Vivoni es enseñar la Palabra de Dios.

www.ingramcontent.com/pod-product-compliance
Lightning Source LLC
Chambersburg PA
CBHW072034060426
42449CB00010BA/2257